¡Mi Biblia FAVORITA!

ORIGENkids

EL ARCA DE NOÉ

oé, Noé, ¡escúchame! —Ese era Dios hablando.
Noé levantó la vista de lo que estaba haciendo.
—Sí, Dios —dijo, poniendo a un lado sus
herramientas—, ¿qué pasa?

—Quiero que construyas un enorme barco de madera,
un arca —explicó Dios—. Va a ser lo suficientemente
grande como para que tú y toda tu familia, más dos
animales de cada especie, entren en él.

—Pero, ¿por qué vamos a hacer eso? —preguntó Noé,
un tanto confundido, ya que el mar se encontraba
bastante lejos.

—En todo el hermoso mundo que he creado, la gente
se pelea por todas partes —respondió Dios—. Entonces
voy a enviar una inundación para destruirlo todo. Pero
ustedes estarán a salvo en el arca.

Dios quería salvar a Noé porque él
era el único hombre bueno que
quedaba en toda la tierra.

—¡Vengan! ¡Tenemos trabajo que hacer! —Noé llamó
a su familia, y ellos empezaron a construir el arca
tal como Dios la quería: con tres pisos, un techo,
habitaciones dentro y una puerta; toda recubierta con
brea por fuera para hacerla impermeable.

¡Puff!

4

Todos los demás pensaban que ellos estaban locos, pero Noé solo sonreía y seguía trabajando. Tomaron medidas, serrucharon, martillaron y lijaron hasta que la terminaron.

¡Estamos en el desierto, tonto!

A continuación, Noé pidió a los animales que entraran en parejas.

Era complicado hacerlos subir a bordo sin que se empujaran o aplastaran entre ellos.

Pero al final la gran puerta se cerró bien fuerte.

El cielo se puso negro, comenzó a soplar un fuerte viento y luego empezó a llover. Y a llover...

Pronto hubo agua por todos lados, y el arca comenzó a flotar.

Y el agua subió más...

...y más...

...hasta cubrir la cima de la montaña más alta.

De repente, cesó la lluvia.
Y el agua empezó a bajar.

¡BUM!

Al poco tiempo, Noé se dio cuenta de que ya no se estaban moviendo más: ¡estaban atascados!

Noé envió un cuervo, pero no regresó. Entonces soltó una paloma, que volvió trayendo una ramita en el pico. Todos celebraron...

¡Viva!

...y miraron el horizonte, deseando ver tierra seca.

Unas semanas más tarde, se oyó un grito desde el puesto de vigilancia.

¡Tierra a la vista!

Cuando el agua finalmente se retiró, Noé abrió la puerta del arca y todos bajaron deprisa.

Era maravilloso volver a sentir la tierra debajo de sus pies.

15

A lo largo del cielo había un hermoso arcoíris.
Y Dios dijo:

—Les prometo que nunca más enviaré otro diluvio
sobre la tierra. Y Noé, nunca tendrás que volver a
construir otra arca.

¡Menos mal!

SANSÓN, EL MÁS FORTACHÓN DEL MUNDO

Había una vez un niño llamado Sansón. Antes de nacer, un ángel se le había aparecido a su mamá y le había dicho:

—Pronto tendrás un bebé, aunque tú piensas que nunca podrás tener hijos. Este bebé será especial para Dios, pero nunca deberás cortarle el cabello.

Sansón creció y sus padres nunca le cortaron el cabello, que se puso más y más largo.

—Pronto le llegará hasta las rodillas —decían sus amigos.

¡Soy especial!

Pero a Sansón no le importaba lo que la gente dijera. Él tenía un secreto.

Era muy fuerte; más fuerte que un búfalo, incluso más fuerte que un león. Era el más fuerte de todo el mundo. Todo porque hizo lo que Dios le había dicho y nunca se cortó el cabello.

Una vez, peleó contra treinta hombres y los derrotó con facilidad.

¡Y otra vez venció a mil hombres!

¡PLAF!

¡PUNCH!

Los enemigos de Sansón, los filisteos, querían detenerlo a toda costa porque pensaban que era demasiado poderoso.

Sansón se había enamorado de una chica llamada Dalila. Entonces los filisteos le dijeron a Dalila:

—Averigua qué es lo que lo hace tan fuerte. Nosotros te daremos mucho dinero a cambio.

Dalila le preguntó a Sansón, y él le contestó:

—Si me atas con siete sogas, seré tan débil como un ratón.

¡Pero era mentira!

—Átame con sogas nuevas —le dijo después— y no seré tan fuerte esta vez.

Pero era mentira también. Las sogas se rompieron como si fueran un delgado hilo de algodón.

—Átame con mi cabello —le dijo luego. Pero adivina qué...

Finalmente, le dijo a Dalila:

—La razón por la que soy tan fuerte es porque nunca me he cortado el cabello. Si alguien me lo corta, seré tan débil como cualquier otro hombre.

Dalila se dio cuenta de que este era el verdadero secreto y corrió a contarles a los filisteos.

Luego, mientras Sansón dormía, los filisteos le cortaron toda su cabellera.

Lo encadenaron y lo llevaron a prisión.

Sansón trató de pelear para liberarse, pero no le sirvió de nada.

No eres tan fuerte ahora, ¿verdad?

Poco a poco el cabello de Sansón comenzó a crecer de nuevo. Y cuando le creció del todo, sucedió otra cosa: Sanzón empezó a fortalecerse otra vez.

Un día, algunos reyes filisteos y miles de sus seguidores se reunieron en un templo para hacer una celebración, de modo que llamaron a Sansón para divertirse burlándose de él.

Sansón estaba desesperado por vengarse de los filisteos. Así que oró a Dios:

—Dios, hazme realmente fuerte, ¡solo una vez más!

Puso sus manos sobre las columnas del templo que estaban a sus dos costados y empujó con todas sus fuerzas. Las columnas se rajaron con un fuerte ruido, y entonces...

...todo el edificio se vino abajo, matando a los que estaban dentro. Y ese fue el final de los enemigos de Sansón, pero también el del hombre más fuerte del mundo.

DAVID Y GOLIAT

Los israelitas que pertenecían al ejército del rey Saúl se estaban preparando para la guerra. Podían ver a sus enemigos, los filisteos, del otro lado del valle.

De repente, todos se detuvieron a mirar.

Alguien del bando del enemigo venía caminando hacia ellos.

Alguien

enorme.

El gigante daba grandes zancadas hacia ellos; su armadura de bronce brillaba y resplandecía con el sol, encandilando a todos los que la miraban.

Su voz retumbaba:

—¡Israelitas, escúchenme! Soy Goliat, un filisteo. Los desafío a que uno de ustedes pelee contra mí; si yo pierdo, todos los filisteos seremos sus esclavos. Pero si gano, ustedes serán NUESTROS esclavos.

Los israelitas estaban muertos de miedo.

El rey Saúl veía lo asustados que estaban todos.

—Le daré una gran recompensa al hombre que se atreva a pelear contra Goliat —ofreció.

Pero nadie quería hacerlo. Todos estaban demasiado asustados. Todos, excepto un joven pastor de ovejas llamado David, que estaba visitando a sus hermanos.

Yo no voy a pelear contra él.

¡Quiero irme a casa!

¡Yo menos!

—¡Yo pelearé contra él! —dijo David con gran valor—. Todo saldrá bien, porque Dios está con nosotros.

Pero el rey Saúl movió su cabeza en señal de duda.

—No deberías ir tú —expresó—. Eres tan solo un niño.

—Su majestad —le respondió David—, cuando cuido las ovejas de mi padre tengo que pelear contra leones y osos. Con la ayuda de Dios los mato a todos, y también mataré a este bravucón.

—Muy bien —asintió el rey Saúl—
Aquí tienes mi armadura y mi
espada.

David se la probó, pero
inmediatamente se tropezó.

—¡Yo no puedo usar esta
cosa tan pesada! —protestó
quitándosela.

En cambio, tomó su honda pastoril y
escogió cinco piedras lisas de un arroyo
cercano. Ahora sí que estaba listo.

Goliat comenzó a avanzar hacia David. Cuando se acercó lo suficiente, empezó a reírse a carcajadas.

—¿Tú vas a pelear contra mí? ¡Debes estar bromeando!

Pero David le respondió:

—Yo peleo en el nombre de Dios y voy a derrotarte, ¡ya lo verás!

David puso una piedra dentro de la honda y se la lanzó tan fuerte como pudo a Goliat. La piedra lo golpeó directamente en la frente, y el gigante cayó haciendo un gran estruendo.

Cuando los filisteos vieron que Goliat estaba muerto, se dieron la vuelta y salieron corriendo. Gritando a toda voz, los israelitas los persiguieron hasta el próximo valle y más allá.

¡Váyanse!

¡Socorro!

47

Y el joven pastor David se convirtió en el nuevo héroe de Israel.

¡Bravo!

¡Hurra!

DANIEL Y LOS LEONES

El rey Darío era monarca de Babilonia. Pero era Daniel quien en realidad estaba al mando; era casi tan importante como el mismo rey.

Los otros ayudantes del rey no querían a Daniel.

—Se hace el santito —dijo uno.

—Tendámosle una trampa y agarrémoslo haciendo algo malo —propuso otro.

El único problema era que Daniel *nunca* hacía *nada* malo.

—Tengo una idea —anunció el tercer ayudante—. Escuchen...

Al día siguiente los asistentes se presentaron ante el rey.

—Su majestad, pensamos que debería crear una nueva ley —dijo el primer ayudante—. Nadie debe pedir nada a nadie, excepto a usted. Si alguien lo hace, que sea arrojado a un pozo...

...lleno de espantosos LEONES con muchos dientes trituradores de carne.

—Simplemente será devorado —agregó el segundo.

—Hasta morir —añadió el tercero.

—Bien, ¡hagámoslo! —asintió el rey Darío.

Cuando Daniel llegó a su casa, se arrodilló delante de su ventana y oró a Dios, como acostumbraba hacer.

Los tres asistentes corrieron al palacio.

—Su majestad, ¡Daniel ha quebrantado su nueva ley! —anunciaron.

El rey Darío se molestó mucho. Apreciaba a Daniel, pero la ley era la ley.

—Espero que tu Dios pueda salvarte —dijo con tristeza, mientras Daniel era llevado por los guardias.

Los leones daban vueltas dentro del pozo. Sus dientes afilados relucían y sus grandes melenas se sacudían al compás de sus rugidos.

¡GRRHH!

Los ayudantes miraban con regocijo.

—¡Guarda tus pies, Daniel! Y también tu....

Pero luego pusieron una enorme piedra para tapar la entrada.

Esa noche, el rey estaba enojado y nervioso. Y cuando finalmente se fue a dormir, no pudo pegar un ojo. Todo lo que hacía era pensar en el pobre Daniel. ¿Qué le estarían haciendo los leones?

A la mañana siguiente, el rey corrió al pozo.

—¡Daniel!
—gritó—.

¿Te encuentras bien?

Para su asombro, Daniel respondió:

—¡Estoy bien! Dios impidió que los leones me hicieran daño.

De regreso en el palacio, el rey Darío le dijo a Daniel:
—Ahora voy a crear una nueva ley que diga que todos deben orar a tu Dios.

Daniel estaba feliz: todo había salido bien.

Pero no para los ayudantes.

—¡Llévenselos! —les ordenó el rey Darío a los guardias—. Ustedes saben adónde.

Y ese día, los leones
todavía no habían comido
nada...

¡Qué ricos dedos!

64

JONÁS Y LA BALLENA

Había una vez un hombre llamado Jonás.
Un día Dios le dijo:
—Jonás, ve a Nínive y dile a la gente que deje de hacer cosas malas. Diles que si no lo hacen, yo los castigaré.

Pero Jonás no quería ir a Nínive.

—Ya sé lo que haré —pensó—. Me escaparé al mar;
Dios no me encontrará allí.

En el puerto de Jope, Jonás encontró un barco.

—Un pasaje para España, por favor —le dijo al capitán.

Tan pronto como zarparon, se desató una gran
tormenta. Las olas eran tan altas como una casa y
golpeaban fuertemente contra la cubierta. El viento
rompía las velas.

—Debe existir una razón detrás de todo esto —sentenció el capitán—. Alguien tiene la culpa.

Jonás respiró hondo y les dijo al capitán y a su tripulación que él estaba huyendo de Dios. Justo en ese momento el mástil se quebró y el barco empezó a dar vueltas.

¡Aaah! ¡Nos vamos a morir!

—Arrójenme al mar —ofreció Jonás con tristeza—.
Solo así la tormenta se detendrá.
   Y eso fue lo que hicieron.

71

El viento y las olas se calmaron, mientras Jonás se hundía

más...

más...

y más...

hasta caer en el vientre de un pez enorme.

Estaba oscuro y solitario allí dentro. Jonás tuvo tiempo para pensar (y para orar).

—Oh, Dios, gracias por salvarme. Desde ahora en adelante siempre te alabaré.

Después de tres días, el pez escupió a Jonás en la playa. Estaba todo pegajoso y hambriento, pero muy contento de estar vivo.

Dios le habló otra vez:
—Ahora ve a la gente de Nínive y dales mi mensaje.
Esta vez Jonás lo hizo.

Para su sorpresa, ellos
estaban arrepentidos de haber
hecho cosas malas. Y Dios
dijo que finalmente no los
castigaría.

Jonás estaba muy enojado.

—¿Por qué los perdonaste? ¡Eso no es justo!

Dios le respondió:

—No tienes razón para enojarte, Jonás.

Jonás no dijo nada, pero se marchó de la ciudad y se construyó un refugio. Por la noche, una planta creció y le dio sombra al otro día.

Pero se marchitó con el sol
del día. ¡Jonás estaba furioso!

¡Grrr!

—¿Por qué te apena tanto que esta planta muriera? —le
preguntó Dios—. Tú no la hiciste crecer. Pero si puedes
entristecerte por una planta, quizás entiendas por qué
yo puedo estar triste por la gente de Nínive.

Finalmente, Jonás entendió lo mucho que Dios ama a las personas y que siempre está dispuesto a perdonarlas sin importar lo que hayan hecho.

EL NIÑO JESÚS

Una noche, un hombre y una mujer que iban montados sobre un burro entraron a una pequeña aldea llamada Belén.

—Gracias a Dios ya llegamos, José —dijo María—. Presiento que el bebé pronto llegará.

Necesitaban un lugar donde quedarse. ¡Pero no había lugar en ninguna parte! Finalmente, José encontró una pequeña posada casi al final de la aldea.

El posadero abrió la puerta.

—Lo siento, pero no hay lugar aquí tampoco —dijo—. Si quieren, pueden usar el establo que está detrás.

El establo era pequeño y acogedor. José preparó
una cama para María y enseguida nació el bebé, al que
envolvieron en pañales y colocaron en un pesebre.

Afuera, en el campo, los pastores cuidaban sus ovejas.
—Miren esa estrella —dijo uno—. Es mucho más grande que las otras.

En ese momento, un fulgor resplandeciente iluminó el cielo. ¡Era un ángel!

—¡Todos ustedes, tengan gozo! —anunció el ángel—. El Hijo de Dios ha nacido en Belén. Vayan y vean. Lo encontrarán en un pesebre.

De repente, el cielo se llenó de ángeles que cantaban y alababan a Dios. Cuando se fueron, los pastores estaban anonadados.

De inmediato, se dirigieron a Belén.

89

Muy lejos, en el occidente, tres sabios estaban observando el cielo.

—Esa estrella tan brillante está diciéndonos que un rey ha nacido —afirmó uno de ellos—. Debemos encontrarlo. La estrella nos mostrará el camino.

Cuando llegaron a Jerusalén, se dirigieron al palacio.

—Estamos buscando a un bebé rey, el rey de los judíos —anunciaron—. Hemos seguido su estrella y queremos adorarlo.

El rey Herodes se puso furioso. ¡Él era el único rey! Llamó a algunos sacerdotes y maestros de la Ley.

—¿Dónde nacerá este rey? —preguntó.

—Los libros sagrados dicen que nacerá en la aldea de Belén, su majestad —le respondieron.

Herodes se quedó pensativo por un momento y luego se dirigió a los sabios con una amplia sonrisa.

—El bebé está en Belén —explicó—. Cuando lo encuentren, háganmelo saber; así yo también voy a adorarlo.

Pero Herodes tenía un plan secreto: ¡matar al bebé!

Los tres sabios emprendieron el viaje hasta que finalmente llegaron a Belén.

Le entregaron a Jesús los regalos que habían llevado:

oro

incienso

mirra

Dios envió un ángel en sueños para advertirles a los sabios que no regresaran a Herodes. Así que volvieron a occidente por otro camino.

José, María y Jesús también se escaparon. Se fueron a Egipto, bien lejos del malvado rey Herodes.

Y, cuando ya era seguro regresar, fueron a Nazaret, en Galilea, donde se quedaron a vivir.

EL BUEN SAMARITANO

Cuando Jesús creció, pasó gran parte de su tiempo hablándole a la gente acerca de Dios. Un día, un maestro de los líderes religiosos le preguntó:

—¿Qué tengo que hacer para estar en el cielo con Dios por toda la eternidad?

Jesús le respondió con otra pregunta:

—¿Qué dicen las Escrituras?

El hombre respondió:

—"Ama a Dios y ama a tu prójimo", pero ¿quién es mi prójimo?

Entonces Jesús le contó una historia.

«Un día, había un hombre que iba de Jerusalén a Jericó.

»De repente sintió un ¡PUM! en su espalda y un ¡PLAF! en su cabeza.

¡PUM!   ¡PLAF!

»Cuando abrió los ojos, estaba sentado junto al camino. ¿Dónde estaba su vara? No estaba. ¿Y su dinero? No estaba. ¿Su ropa? Tampoco.

»¿Y los ladrones? Claramente, se habían ido.

»Le dolía mucho el cuerpo como para moverse, así que se recostó en el suelo y esperó a que alguien lo ayudara.

»Al rato escuchó algo. "¡Al fin!", pensó el hombre.

»Un sacerdote iba camino a Jerusalén. Con gran esfuerzo, el hombre herido levantó su mano y le hizo señas.

¡Socorro!

102

¡Uh!

»El sacerdote lo miró de reojo, frunció la nariz con disgusto y se puso al otro lado del camino. Ciertamente no quería ser molestado por alguien medio desnudo y lleno de moretones.

»Al rato, el hombre oyó pasos nuevamente. Era un levita, un servidor del templo. Pero él también cruzó al otro lado y apuró su marcha, tratando de olvidarse de lo que había visto.

»Ahora el hombre que estaba tirado junto al camino estaba seguro de que moriría, porque nadie lo ayudaba.

¡Ayúdeme!

Yo estoy muy ocupado.

»¿Qué sucede? El hombre escuchó palabras amables y sintió que alguien lo atendía... Abrió sus ojos y vio a un samaritano junto a él».

Toma, bebe esto.

El maestro de la Ley que escuchaba la historia que contaba Jesús, levantó sus cejas en señal de sorpresa, porque los samaritanos y los judíos no se hablaban.

Jesús continuó con la historia:

«El samaritano vendó las heridas del hombre, lo subió a su burro y lo llevó a una posada.

»Durante el resto del día, el samaritano lo cuidó.

»A la mañana siguiente, le dijo al posadero:

—Aquí le dejo dinero. Por favor, cuide a este hombre y cuando yo regrese le daré más dinero si es necesario.

—Sí, señor —respondió el posadero. Y en poco tiempo el hombre herido ya estaba mejor».

Jesús le preguntó al maestro de la Ley religiosa:

—¿Quién fue el prójimo del hombre al que le robaron?

El maestro dijo:

—El hombre que fue bueno con él.

—Si quieres ser un buen prójimo —le enseñó Jesús—, debes ir y hacer lo mismo.

El maestro suspiró. Había entendido la lección: ¡tenía que ser amable con todo aquel que encontrara!

EL HIJO PRÓDIGO

Un día, un grupo de cobradores de impuestos y maestros religiosos se reunieron alrededor de Jesús.

—¿Por qué pasas tiempo con gente mala? —le preguntaron—. Tú hablas con ellos y hasta comes con ellos. ¡Es absurdo!

Así que Jesús les contó una historia.

«Había un hombre que tenía dos hijos.

»Un día, el hijo menor le dijo:

—Padre, sé que voy a tener mi parte de tu tierra cuando mueras. Pero, por favor, ¿podrías dármela ahora?

—Está bien —le respondió el padre.

»Inmediatamente, el joven vendió la tierra y se fue de su casa con una bolsa llena de monedas de oro.

»Viajó a un país lejano y comenzó una nueva vida allí. Pero seguía gastando el dinero...

»...y pronto ya no le quedaba nada más.

»Ese año hubo una terrible hambruna. Todos pasaban hambre, y el hijo menor estaba cada vez más delgado (y más hambriento).

»Consiguió trabajo cuidando cerdos, pero nadie le daba comida *para él*.

»Entonces decidió volver a la casa de su padre y trabajar como su sirviente.

»De camino a casa comenzó a preocuparse cada vez más por el hecho de volver a ver a su padre. ¿Por qué había gastado toda esa cantidad de dinero?

»Fuera de la casa, el padre estaba mirando a la distancia una figura que se acercaba por el camino. ¿Podría ser su hijo...? Seguro que no...

¡Sí, era él!

»Corrió a buscar a su hijo y lo abrazó una y otra vez.

—Hijo, ¡has vuelto! —y rompió en lágrimas de alegría.

—Padre, hice algo muy malo —dijo el hijo menor—. ¡Estoy tan arrepentido!

»El padre llamó a los sirvientes y les dijo:

—¡Apúrense! Pónganle ropas finas y cocinen el mejor ternero que tenemos. ¡Haremos un banquete!

»El hijo mayor llegó corriendo. Venía de trabajar en el campo y se lo veía muy enojado.

—¡Esto no es justo! —gritó—. Durante años he trabajado para ti, noche y día. ¿Y qué recibo a cambio? ¡Nada! Pero él se gasta todo su dinero, ¡y tú le haces una fiesta!

»El padre le respondió con amor:

—Hijo mío, todo lo que tengo es tuyo. Tenemos que celebrar, porque tu hermano estaba muerto y ahora vive; ¡estaba perdido y ahora fue encontrado!».

Jesús se dirigió a la multitud:

—Del mismo modo, Dios ama a todas las personas, incluyendo a los malos. Y cuando se arrepienten, Dios está tan feliz como el padre cuyo hijo volvió a él.

JESÚS Y EL COBRADOR DE IMPUESTOS

Una mañana, Jesús pasaba por la ciudad de Jericó con sus amigos. Iban camino a Jerusalén.

A estas alturas, Jesús era famoso por sus enseñanzas y por sanar a los enfermos, así que mucha gente quería verlo y hablar con él.

Un hombre llamado Zaqueo, que era cobrador de impuestos, no lograba ver nada.

—Es injusto ser tan pequeño —se quejó por milésima vez, tratando de empujar a la multitud.

¡Hey, tú!

Detente,
Zaqueo.

—¡Toda mi vida
he tenido el mismo
problema!

133

Entonces tuvo una idea.

—Si corro y me adelanto —pensó con inteligencia— podría treparme al árbol más alto que esté junto al camino. ¡Entonces seguro lograría una buena vista de Jesús!

¡Piíí!

Así que, con el último aliento, corrió y se subió al árbol, acomodándose en la rama más firme.

—Ja, ja, ¡lo conseguí!

Zaqueo estaba súper feliz. Todo lo que tenía que hacer ahora era esperar a que Jesús pasara.

De tanto en tanto, alguien miraba hacia arriba, lo señalaba y se burlaba de él.

¡ja ja ja!

Nadie en Jericó lo quería; los cobradores de impuestos no tenían muchos amigos. Además, Zaqueo siempre hacía que la gente pagara de más, así se quedaba con algo de dinero para él mismo.

Al rato, la gente empezó a acercarse, y Zaqueo se reclinó hacia adelante para ver mejor. Para su gran sorpresa, la multitud se detuvo justo delante de su árbol.

—¡Zaqueo, baja de allí! —Jesús lo llamó—. Quiero que me lleves a tu casa.

—¡¡Quéee?! —exclamaron todos. Zaqueo bajó tan pronto como pudo.

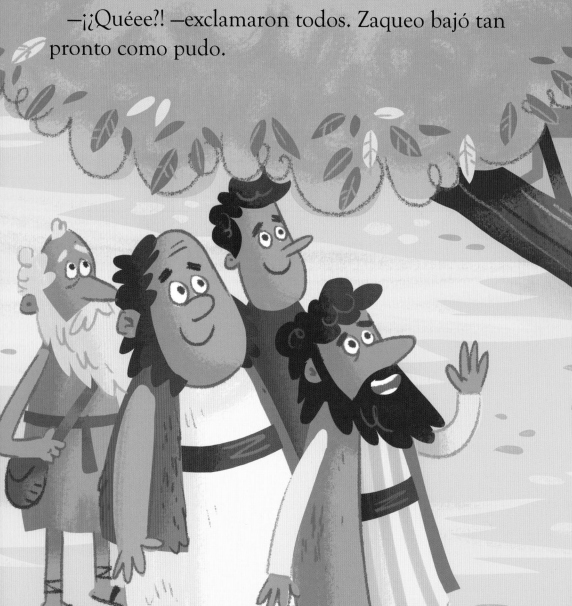

Lleno de orgullo, Zaqueo llevó a Jesús a las afueras, mientras la gente refunfuñaba y apretaba los dientes.

141

Dentro de la casa de Zaqueo, Jesús y el cobrador
de impuestos pasaron un largo tiempo conversando.
Cuanto más hablaban, más triste se ponía Zaqueo.
—Lo siento —dijo al final, con una voz muy suave.

Enseguida Zaqueo salió junto a Jesús.

—Tengo algo que decirles a todos ustedes —anunció en voz alta a la multitud—. Voy a dar la mitad de mi dinero a los pobres. Y si he engañado a alguien, le devolveré cuatro veces lo que le debo.

Jesús le dijo:

—Has hecho lo correcto, Zaqueo. Ahora puedes empezar una nueva vida siendo bueno. Eso te hará muy feliz.

LA HISTORIA DE LA PASCUA

Clin
Clin

Judas era amigo de Jesús, pero era codicioso y había hecho un acuerdo secreto con algunos sacerdotes. Ellos le darían una bolsa llena de monedas de plata a cambio de que él les mostrara dónde estaba Jesús. Judas sabía que los sacerdotes querían arrestarlo.

—¡Miren qué belleza! Treinta monedas de plata —Judas soltó una carcajada.

Ahora había llegado el momento.

—Yo le daré un beso a Jesús —les susurró Judas a los guardias de los sacerdotes— y así ustedes sabrán que es él.

Judas y los guardias llegaron a un campo de olivos.
Allí estaba Jesús, orando. Y sus amigos, durmiendo.

Judas se acercó a Jesús y le dio un beso en la mejilla. Los guardias inmediatamente lo rodearon y lo tomaron por los brazos.

—Suéltenlo —gritó Pedro, saltando a escena. Pero se lo llevaron igual.

Entonces todos los amigos de Jesús huyeron, por temor a ser arrestados también.

Los sacerdotes interrogaron a Jesús durante toda la noche. Pero nadie pudo probar que hubiera hecho algo malo, sino solamente permitirles a otros decir que él era Hijo de Dios.

A la mañana siguiente era viernes. Jesús fue llevado delante del gobernador romano, Poncio Pilato.

—¿Por qué lo traen a mí? —preguntó Pilato—. Él no ha cometido ningún crimen.

Pero cuando Pilato vio la multitud, supo que habría problemas.

En esa época del año solían liberar un prisionero, así que Pilato gritó:

—¿Quieren que libere a este hombre o a Barrabás?

Barrabás era un asesino.

—¡Barrabás! ¡Barrabás! —coreaban.

—¿Y qué hago con Jesús? —preguntó Pilato.

—¡Mátenlo! —gritaron todos.

¡Mátenlo!

Pilato se encogió de hombros
y entregó a Jesús.

Los guardias le colocaron a Jesús una corona de espinas en la cabeza. Lo escupieron y golpearon.

Luego lo llevaron a un lugar llamado Gólgota, que significa "lugar de la calavera".

Pusieron a Jesús en una cruz, en medio de dos criminales. Cerca de las tres de la tarde, lanzó un fuerte gemido... y murió.

La tierra tembló y las rocas se partieron. Todos estaban asustados, mirando atentamente. Cuando todo estuvo tranquilo de nuevo, los amigos de Jesús se retiraron con tristeza.

Ciertamente era el Hijo de Dios...

Más tarde ese mismo día, un hombre llamado José de Arimatea, puso el cuerpo de Jesús en una tumba, y rodó una enorme piedra hasta cubrir la entrada.

El domingo por la mañana, María Magdalena fue a revisar el cuerpo de Jesús. Cuando llegó, se detuvo y vio que la piedra había sido removida ¡y la tumba estaba vacía!

María fue corriendo a buscar a Pedro y Juan, y les mostró la tumba vacía. Ninguno de ellos podía entender lo que había sucedido; entonces se fueron, tristes y confundidos.

María se sentía muy sola.

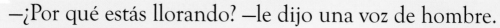

—¿Por qué estás llorando? —le dijo una voz de hombre.

—Solo quiero saber a dónde se lo llevaron —contestó ella, llorando.

El hombre le dijo:

—¡María!

Y ella supo que era Jesús. ¡Estaba vivo otra vez!

Y todo estaba bien.